Die schönsten Weihnachtslieder

für Bratsche
(wahlweise mit 2. Stimme)

sehr leicht bearbeitet von
Hans und Marianne Magolt

Illustrationen: Christa Estenfeld-Kropp

ED 9758
ISMN M-001-13699-0

ED 9758-50 (mit CD)
ISMN M-001-13700-3

SCHOTT

Mainz · London · Madrid · New York · Paris · Tokyo · Toronto
© 2004 Schott Musik International GmbH & Co. KG, Mainz · Printed in Germany

Inhalt

1. Alle Jahre wieder

Melodie: Friedrich Silcher (1789-1860)
Text: Wilhelm Hey (1789-1854)

Al - le Jah - re wie - der kommt das Chri - stus - kind

auf die Er - de nie - der ___ wo wir _ Men - schen sind.

2. Kehrt mit seinem Segen
ein in jedes Haus,
geht auf allen Wegen
mit uns ein und aus.

3. Steht auch mir zur Seite
still und unerkannt,
dass es treu mich leite
an der lieben Hand.

2. Engel lassen laut erschallen
(Gloria in excelsis Deo)

aus Frankreich

En - gel las - sen ___ laut er - schal - len
Tau - send - fach die ___ Ber - ge hal - len

ü - berm ___ Land den ___ Lob - - ge - sang.
wi - der ___ ih - ren ___ Sang und Klang.

Glo - - - - - - - - ri - a

in ex - cel - sis De - o! De - - o!

deutsche Textübertragung: Heinz Cammin
© 2004 Schott Musik International, Mainz

2. Und es künden ihre Lieder
   allen Menschen in der Nacht:
   Gottes Sohn stieg heut' hernieder,
   hat das Himmelslicht gebracht. Gloria. . .

3. Es ist ein Ros' entsprungen

Es ist ein Ros' ent - sprun - gen
wie uns die Al - ten sun - gen,
aus ei - ner _____ Wur - zel zart
von Jes - se _____ kam die Art
und hat ein Blüm - lein bracht mit - ten im kal - ten
Win - ter, wohl zu der _____ hal - ben Nacht.

2. Das Röslein, das ich meine,
davon Jesaja sagt,
hat uns gebracht alleine
Marie, die reine Magd;
aus Gottes ew'gem Rat
hat sie ein Kind geboren
wohl zu der halben Nacht.

3. Das Blümelein so kleine,
das duftet uns so süß,
mit seinem hellen Scheine
vertreibt's die Finsternis:
wahr' Mensch und wahrer Gott,
hilft uns aus allem Leide,
rettet von Sünd und Tod.

5

4. Fröhliche Weihnacht überall

Melodie: aus England
Deutscher Text: Chr. Fr. D. Schubart

„Fröh - li - che Weih - nacht ü - ber - all!"

tö - net durch die Lüf - te fro - her Schall. Weih - nachts -ton,

Weih-nachts-baum, Weih-nachts-duft in je - dem Raum!

„Fröh - li - che Weih - nacht ü - ber - all!"

tö-net durch die Lüf - te fro - her Schall. Dar - um al - le

stim - met in den Ju - bel - ton,

denn es kommt das Licht der Welt von des Va - ters Thron.

2. „Fröhliche Weihnacht überall!"
   tönet durch die Lüfte froher Schall,
   Weihnachtston, Weihnachtsbaum,
   Weihnachtsduft in jedem Raum!
   „Fröhliche Weihnacht überall!"
   tönet durch die Lüfte froher Schall.
   Licht auf dunklem Wege, unser Licht bist du;
   denn du führst, die dir vertraun, ein zur sel'gen Ruh.

3. „Fröhliche Weihnacht überall!"
   tönet durch die Lüfte froher Schall,
   Weihnachtston, Weihnachtsbaum,
   Weihnachtsduft in jedem Raum!
   „Fröhliche Weihnacht überall!"
   tönet durch die Lüfte froher Schall.
   Was wir andern taten, sei getan für dich,
   dass bekennen jeder muss, Christkind kam für mich.

5. Ihr Kinderlein kommet

Melodie: Johann Abraham Peter Schulz (1747-1800)
Text: Christoph von Schmid (1768-1854)

Ihr Kin - der - lein kom - met, o kom - met doch all! Zur
Krip - pe her kom - met in Beth - le - hems Stall und
seht, was in die - ser hoch - hei - li - gen Nacht der
Va - ter im Him - mel für Freu - de uns macht!

2. O seht in der Krippe im nächtlichen Stall,
   seht hier bei des Lichtleins hellglänzendem Strahl
   den lieblichen Knaben, das himmlische Kind,
   viel schöner und holder als Engelein sind!

3. Da liegt es, das Kindlein, auf Heu und auf Stroh,
   Maria und Joseph betrachten es froh.
   Die redlichen Hirten knien betend davor,
   hoch oben schwebt jubelnd der Engelein Chor.

6. Joseph, lieber Joseph mein

Leipzig, 15. Jahrhundert
Nach dem lateinischen Lied
„Resonet in laudibus" (14. Jahrhundert)

Maria: Jo - seph, lie - ber Jo - seph mein, hilf mir wie - gen mein Kin - de - lein! Gott, der wird mein Loh - ner sein im Him - mel - reich, der Jung - frau Sohn Ma - ri - a.

2. *Joseph:* Gerne, liebe Maria mein,
helf ich dir wiegen dein Kindelein,
Gott, der wird mein Lohner sein
im Himmelreich, der Jungfrau Sohn Maria.

3. *Knecht:* Freu' dich nun, du christlich' Schar!
Gott, der Himmelskönig klar,
macht uns Menschen offenbar,
den uns gebar die reine Magd Maria.

7. Jingle Bells

aus den USA
M. u. T.: James Pierpont

Dash-ing through the snow in a one-horse o-pen sleigh,

o'er *) the fields we go, laugh-ing all the way.

Bells on bob-tail ring, mak-ing spi-rits bright, what

fun it is to ride and sing a sleigh-ing song to-night! Oh,

Jin-gle bells, jin-gle bells, jin-gle all the

*) o'er = over

10

way.   Oh, what fun   it   is   to ride in a

one-horse o - pen sleigh. Oh,   one-horse o - pen sleigh.

2. Day or two ago I thought I'd take a ride,
   and soon Miss Fanny Bright was seated by my side.
   The horse was lean and lank,
   Misfortune seemed his lot,
   he got into a drifted bank and we, we got upsot.
   Jingle bells. . .

3. Now the ground is white, go it while you're young;
   take the girls tonight, and sing this sleighing song.
   Just get a bobtailed bay, two-forty for his speed,
   then hitch him to an open sleigh, and crack!
   you'll take the lead.
   Jingle bells. . .

8. Kling, Glöckchen

Volksweise
Text: Karl Enslin (1814-1875)

Kling, Glöck-chen, klin-ge-lin-ge-ling, kling, Glöck-chen, kling!

Laßt mich ein, ihr Kin - der, ist so kalt der Win - ter,

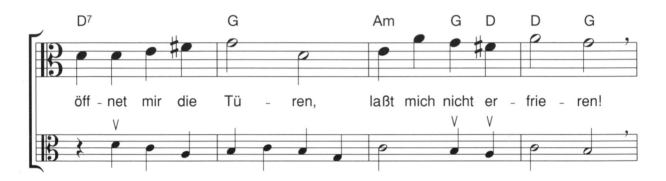

öff - net mir die Tü - ren, laßt mich nicht er - frie - ren!

Kling, Glöck-chen, klin-ge-lin-ge-ling, kling, Glöck-chen, kling.

2. Kling, Glöckchen. . .
Mädchen hört und Bübchen,
macht mir auf das Stübchen,
bring euch viele Gaben,
sollt euch dran erlaben.
Kling, Glöckchen. . .

3. Kling, Glöckchen. . .
Hell erglühn die Kerzen,
öffnet mir die Herzen!
Will drin wohnen fröhlich,
frommes Kind, wie selig.
Kling, Glöckchen. . .

9. Kommet, ihr Hirten

Melodie: aus Böhmen
Text: Carl Riedel (1827-1888)

Alle:
Kom - met, _ ihr _ Hir - ten, _ ihr _ Män - ner _ und _
kom - met, _ das _ lieb - li - che _ Kind - lein _ zu _

Fraun,
schaun,
Chri - stus der Herr ist heu - te ge - bo - ren,

den Gott zum Hei - land euch hat er - ko - ren: Fürch - tet _ euch nicht!

Hirten:

2. Lasset uns sehen in Bethlehems Stall,
was uns verheißen der himmlische Schall.
Was wir dort finden, lasset uns künden,
lasset uns preisen in frommen Weisen:
Halleluja.

Alle:

3. Wahrlich, die Engel verkündigen heut',
Bethlehems Hirtenvolk gar große Freud'.
Nun soll es werden Friede auf Erden,
den Menschen allen ein Wohlgefallen:
Ehre sei Gott.

13

10. Lasst uns froh und munter sein

aus dem Hunsrück

Laßt uns froh _ und _ mun - ter sein und uns in __ dem _

Her - ren freun! Lu - stig, lu - stig, tral - le - ra - le - ra,

bald ist Nik - laus - a - bend da, bald ist Nik - laus - a - bend da.

2. Bald ist unsre Schule aus,
   dann ziehn wir vergnügt nach Haus.
   Lustig. . .

3. Dann stell ich den Teller auf,
   Niklaus bringt gewiß was drauf.
   Lustig. . .

4. Steht der Teller auf dem Tisch,
   sing ich nochmals froh und frisch:
   Lustig. . .

5. Wenn ich schlaf, dann träume ich:
   Jetzt bringt Niklaus was für mich.
   Lustig. . .

6. Wenn ich aufgestanden bin,
   lauf ich schnell zum Teller hin.
   Lustig. . .

7. Niklaus ist ein braver Mann,
   den man nicht genug loben kann.
   Lustig. . .

11. Leise rieselt der Schnee

Eduard Ebel (1839-1905)

Lei - se rie - selt der Schnee, _____ still und starr ruht der

See, _____ weih - nacht - lich glän - zet der

Wald _____ freu - e dich, Christ-kind kommt bald! _____

2. In den Herzen ist's warm,
   still schweigt Kummer und Harm.
   Sorge des Lebens verhallt:
   Freue dich, Christkind kommt bald!

3. Bald ist heilige Nacht,
   Chor der Engel erwacht,
   hört nur, wie lieblich es schallt:
   Freue dich, Christkind kommt bald!

12. Lobt Gott, ihr Christen

Nikolaus Herman, 1554

Lobt Gott, ihr Chri-sten al-le _ gleich in sei-nem höch-sten

Thron, der heut schließt auf sein Him-mel-reich und

schenkt uns sei-nen Sohn, und schenkt uns sei-nen Sohn.

2. Er kommt aus seines Vaters Schoß
und wird ein Kindlein klein,
er liegt dort elend, nackt und bloß
in einem Krippelein, in einem Krippelein.

3. Er äußert sich all seiner G'walt,
wird niedrig und gering
und nimmt an sich eins Knechts Gestalt,
der Schöpfer aller Ding, der Schöpfer aller Ding.

4. Er wechselt mit uns wunderlich:
Fleisch und Blut nimmt er an
und gibt uns in seins Vaters Reich,
die klare Gottheit dran, die klare Gottheit dran.

5. Er wird ein Knecht und ich ein Herr;
das mag ein Wechsel sein!
Wie könnt es doch sein freundlicher,
das herze Jesulein, das herze Jesulein!

6. Heut schließt er wieder auf die Tür
zum schönen Paradeis:
der Cherub steht nicht mehr dafür, Gott sei
Lob, Ehr und Preis! Gott sei Lob, Ehr und Preis!

13. Morgen, Kinder, wird's was geben

Berliner Volksweise
Text: Philipp von Bartsch (1770-1839)

Mor -gen, Kin -der, wird's was _ ge -ben, mor -gen _ wer -den wir uns freun! Welch ein Ju -bel, welch ein _ Le -ben wird in ___ un -serm Hau -se sein! Ein -mal wer -den wir noch wach, hei -ßa, dann ist Weih -nachts -tag!

2. Wie wird dann die Stube glänzen
von der großen Lichterzahl!
Schöner als bei frohen Tänzen
ein geputzter Kronensaal.
Wisst ihr noch, wie vor'ges Jahr
es am Heil'gen Abend war?

3. Wisst ihr noch mein Räderpferdchen,
Malchens nette Schäferin,
Jettchens Küche mit den Herdchen
und dem blankgeputzten Zinn?
Heinrichs bunten Harlekin
mit der gelben Violin?

14. Morgen kommt der Weihnachtsmann

Melodie: aus Frankreich (17. Jahrhundert)
Text: A. H. Hoffmann von Fallersleben, 1835

Mor-gen kommt der Weih-nachts-mann, kommt mit sei-nen Ga - ben.

Bun - te Lich -ter, Sil - ber -zier, Kind mit Krip -pe, Schaf und Stier,

Zot - tel - bär und Pan -ter - tier möcht ich ger -ne ha - ben.

2. Bring uns, lieber Weihnachtsmann, bring auch morgen, bringe
eine schöne Eisenbahn, Bauernhof mit Huhn und Hahn,
einen Pfefferkuchenmann, lauter schöne Dinge.

3. Doch du weißt ja unsern Wunsch, kennst ja unsre Herzen.
Kinder, Vater und Mama, auch sogar der Großpapa,
alle, alle sind wir da, warten dein mit Schmerzen.

15. O du fröhliche, o du selige

Sizilianisches Schifferlied
Text: Johann Daniel Falk, 1819

O du fröh - li - che, ___ o du se - li - ge, ___

gna - den - brin - gen - de Weih - nachts - zeit!

Welt ___ ging ver - lo - ren, Christ ___ ist ge - bo - ren:

Freu - e, ___ freu - e dich, o Chri - sten - heit!

2. O du fröhliche,
o du selige,
gnadenbringende Weihnachtszeit!
Christ ist erschienen,
uns zu versühnen:
Freue, freue dich, o Christenheit!

3. O du fröhliche,
o du selige,
gnadenbringende Weihnachtszeit!
Himmlische Heere
jauchzen dir Ehre:
Freue, freue dich, o Christenheit!

16. O Heiland, reiß die Himmel auf

Rheinfelsisches Gesangbuch, 1666
Text: Friedrich von Spee

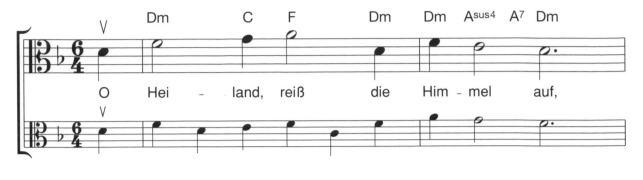

O Hei - land, reiß die Him - mel auf,

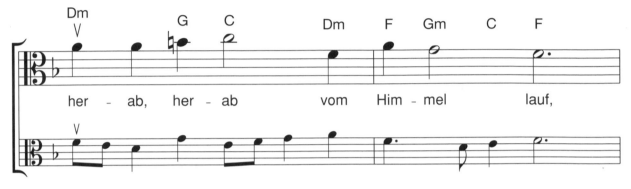

her - ab, her - ab vom Him - mel lauf,

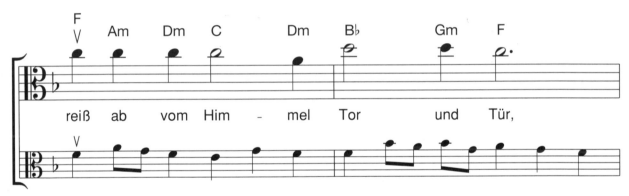

reiß ab vom Him - mel Tor und Tür,

reiß ab, wo Schloß und Rie - gel für.

2. O Gott, ein' Tau vom Himmel gieß,
im Tau herab, o Heiland, fließ.
Ihr Wolken, brecht und regnet aus
den König über Jakobs Haus.

3. O Erd, schlag aus, schlag aus, o Erd',
dass Berg und Tal grün alles werd'.
O Erd', herfür dies Blümlein bring,
o Heiland, aus der Erden spring.

17. O Tannenbaum

19. Jahrhundert

O Tan - nen-baum, o Tan - nen-baum, wie grün sind dei - ne Blät - ter! Du grünst nicht nur zur Som-mer -zeit, nein auch im Win - ter, wenn es schneit. O Tan - nen-baum, o Tan - nen-baum, wie grün sind dei - ne Blät - ter.

2. O Tannenbaum, o Tannenbaum, du kannst mir sehr gefallen.
Wie oft hat doch zur Weihnachtszeit ein Baum von dir mich hocherfreut.
O Tannenbaum, o Tannenbaum, du kannst mir sehr gefallen.

3. O Tannenbaum, o Tannenbaum, dein Kleid kann mich was lehren:
Die Hoffnung und Beständigkeit gibt Trost und Kraft zu jeder Zeit.
O Tannenbaum, o Tannenbaum, dein Kleid kann mich was lehren.

18. Stille Nacht, heilige Nacht!

aus dem Salzburger Land, 1818
Melodie: Franz Gruber (1787-1863)
Text: Joseph Mohr (1792-1848)

2. Stille Nacht! Heilige Nacht!
   Gottes Sohn, o wie lacht.
   Lieb' aus deinem göttlichen Mund,
   da uns schlägt die rettende Stund',
   | :Christ, in deiner Geburt :|

3. Stille Nacht! Heilige Nacht!
   Hirten erst kundgemacht.
   Durch der Engel Halleluja
   tönt es laut von fern und nah:
   | :Christ, der Retter ist da! :|